ENGLISH CLUES, POLISH ANSWERS

Learn Polish Vocabulary

With Crossword Puzzles

By Rachel Jones

English Clues, Polish Answers

Copyright © 2020 Rachel Jones

All rights reserved.

ISBN 9798696964126

English Clues, Polish Answers

As an English speaking expat living in Poland, there were some Polish words I learned very quickly because of repetition. Hello, goodbye, goodnight, good evening, thank-you, please, excuse me, cash, card, etc. Every day life is the best teacher of those basics. However, if I ever planned on having a conversation in Polish, I knew I needed help. I enrolled in a class called Polish for Foreigners. Unfortunately, I didn't gain as much as I had hoped from the course, as I was lacking enough vocabulary for the grammar lessons to make sense. Had I possessed a knowledge of more Polish words; the grammar would have been easier to grasp. Therefore, I started to learn by designing crossword puzzles.

The puzzles in this book have some repetition, similar to everyday life. The more we hear and see a word, the easier it comes to mind when we need to use it. One Polish word can have numerous variations depending on the context of your sentence. It is most often the end of a word that will change. Polish grammar has seven cases (nominative, genitive, dative, accusative, instrumental, locative, and vocative). English has only three (subjective, objective, and possessive). As you work through the puzzles of this book, you will learn many root words and begin to recognize the variations of some of them.

I hope this book will make learning some basic Polish vocabulary an enjoyable experience. Possessing vocabulary will make Polish grammar easier and a lot more fun!

English Clues, Polish Answers

English Clues, Polish Answers

Reference Pages

TEN, TA, TO

The word THIS differs depending on the gender of the subject.

TEN is THIS for animate and inanimate **masculine** nouns.

TA is THIS for animate person and inanimate **feminine** nouns.

TO is THIS for **neuter** nouns.

Examples / Przykłady:

Ten banan. = This banana.

Ten smaczny banan. = This tasty banana.

Ta kanapka. – This sandwich.

Ta smaczna kanapka. = This tasty sandwich.

To jedzenie. = This food.

To smaczne jedzenie. = This tasty food.

English Clues, Polish Answers

NUMBERS / LICZBY:

Zero = zero
One = jeden
Two = dwa
Three = trzy
Four = cztery
Five = pięć
Six = sześć
Seven = siedem
Eight = osiem
Nine = dziewięć
Ten = dziesięć
Eleven = jedenaście
Twelve = dwanaście
Thirteen = trzynaście
Fourteen = czternaście
Fifteen = piętnaście
Sixteen = szesnaście
Seventeen = siedemnaście
Eighteen = osiemnaście

Nineteen = dziewiętnaście
Twenty = dwadzieścia
Twenty-one = dwazieścia jeden
Thirty = trzydzieści
Forty = czterdzieści
Fifty = pięćdziesiąt
Sixty = sześćdziesiąt
Seventy = siedemdziesiąt
Eighty = osiemdziesiąt
Ninety = dziewięćdziesiąt
One hundred = sto
Two hundred = dwieście
Three hundred = trzysta
Four hundred = czterysta
Five hundred = pięćset
Six hundred = sześćset
Seven hundred = siedemset
Eight hundred = osiemset
Nine hundred = dziewięćset

English Clues, Polish Answers

POLISH ALPHABET / ALFABET:

a (a)	i (i)	r (er)
ą (ą)	j (jot)	s (es)
b (be)	k (ka)	ś (eś)
c (ce)	l (el)	t (te)
ć (cie)	ł (eł)	u (u)
d (de)	m (em)	w (wu)
e (e)	n (en)	y (igrek)
ę (ę)	ń (eń)	z (zet)
f (f)	o (o)	ź (ziet)
g (gie)	ó (o kreskowane)	ż (żet)
h (ha)	p (pe)	

Polish also has DIGRAPHS. These are letter combinations that make their own sounds.

ch, ci, cz, dz, dzi, dź, dż, ni, si, sz, rz, zi

English Clues, Polish Answers

MONTHS / MIESIĘCY:

January = Styczeń

February = Łuty

March = Marzec

April = Kwiecień

May = Maj

June = Czerwiec

July = LipieC

August = Sierpień

September = Wrzesień

October = Październik

November = Listopad

December = Grudzień

DAYS / DNI:

Sunday = Niedziela

Monday = Poniedziałek

Tuesday = Wtorek

Wednesday = Środa

Thursday = Czwartek

Friday = Piątek

Saturday = Sobota

English Clues, Polish Answers

SOME WORDS ARE THE SAME IN BOTH LANGUAGES

Here is a sample of IDENTICAL words:

PUZZLE
LAPTOP
SUPER
WEEKEND
OREGANO
RADIO
FILM
MOMENT
PROGRAM
PARK
HOTEL
SALON
ROBOT
TALENT

Here is a sample of SIMILAR words:

GENIUSZ (genius)
IDIOTA (idiot)
ALFABET (alphabet)
PAPIER (paper)
LAMPA (lamp)
DYPLOM (diploma)
ALKOHOL (alcohol)
KOMPUTER (computer)
TELEFON (telephone)
REKORD (record)
PASZPORT (passport)
TOALETA (toilet)
BUDŻET (budget)
PERFUMY (perfume)

English Clues, Polish Answers

PUZZLE #1

ACROSS:

1. SOFA
4. COFFIN
6. APPLE
9. NIGHT
10. THIS
11. MY
12. DATA
13. HEY! HOW ARE YA?
14. BOTH
15. FIVE
18. VINEGAR
21. MOTHER
25. HOLE
27. FILES
29. HEDGEHOG
31. GAS
32. MONKEY
34. HOW?
36. AUTOMOBILE
38. GARAGE
39. TEAM
41. US
42. BUT
43. TABLECLOTH
44. FROM
45. SKY
47. AFTER
48. I
50. HER
52. WHETHER
54. NARROW
57. GAME
58. MOUSTACHE
60. ONE HUNDRED
61. HAIL
62. TO ME
63. DARKNESS
64. LITTLE
66. SIDE
67. UNDER
69. BOX
71. COUNTRY
72. APATHY
75. STRONG
77. PRINTER
78. GREY

DOWN:

1. SANDWICH
2. NOTHING
3. DOG
4. TRAM
5. LITTLE
6. EGG
7. BUDGET
8. THISTLE
10. THESE
11. MAY
16. MOTH
17. ALREADY
19. SOMETHING
20. YOUR
22. FACE
23. TWO
24. SOUP
26. YEAR
28. TERRACE
30. EPIC POETRY
32. MAP
33. AUTHOR
35. POSTER
37. ART/PAINTING
38. REPTILE
40. AVENUE
41. NASAL
45. NEW
46. BULL
49. AGONY
51. HIS
52. TIME
53. AFFIX
55. EDGE
56. SPARK
59. DRAGON
62. WET
65. WITCHCRAFT
66. BECAUSE
68. PRINTING
70. SAME AS 38 DOWN
73. BELT
74. I SEE/OK
75. WE
76. ON

English Clues, Polish Answers

English Clues, Polish Answers

PUZZLE #2

ACROSS:

1. OPEN SQUARE/PLAZA
3. RED
7. ART
9. ON
10. NIGHTFALL
13. THESE
14. ORANGE
15. YEARS
16. HOW MUCH?
17. BEIGE
18. WRITE
19. THEY
21. YOU (PLURAL)
23. NO
24. INDIGO
25. FLU
28. BUT
29. SKY
30. TRAM
33. GEL
34. I SEE/OK
35. GAS
36. IT
37. SPEAKS
38. WAVES
39. HERE
41. ART
43. RIGHT
45. BEAVER
46. NEXT TO
47. AURA
48. PRETTY
50. SAME AS 38 ACROSS
52. SINCE
54. ARE
55. GRASS
56. THIS
58. THREE
59. GREY
61. SHE
62. VORTEX
63. MANY
64. THIS
66. PALETTE
67. TEAL

DOWN:

1. DRINK
2. DARK BLUE
3. BLACK
4. ITEM
5. HE
6. SURNAME
7. EYE
8. GREEN
11. WE
12. COLOURS
14. BAKE
18. PRISM
19. OVAL
20. MINT
22. SON
26. PINK
27. PALM
31. RIVER
32. YOGA
34. BLUE
35. CASH
38. VIOLET
40. HEAT
42. AUTOMOBILE
44. WINE
45. WHITE
49. SAME AS 28 ACROSS
51. FINGER
52. STORE/SHOP
53. ONCE
56. YOU (SINGULAR)
57. NEW
58. DAD
59. SALT
60. ACT
62. CART
65. HE

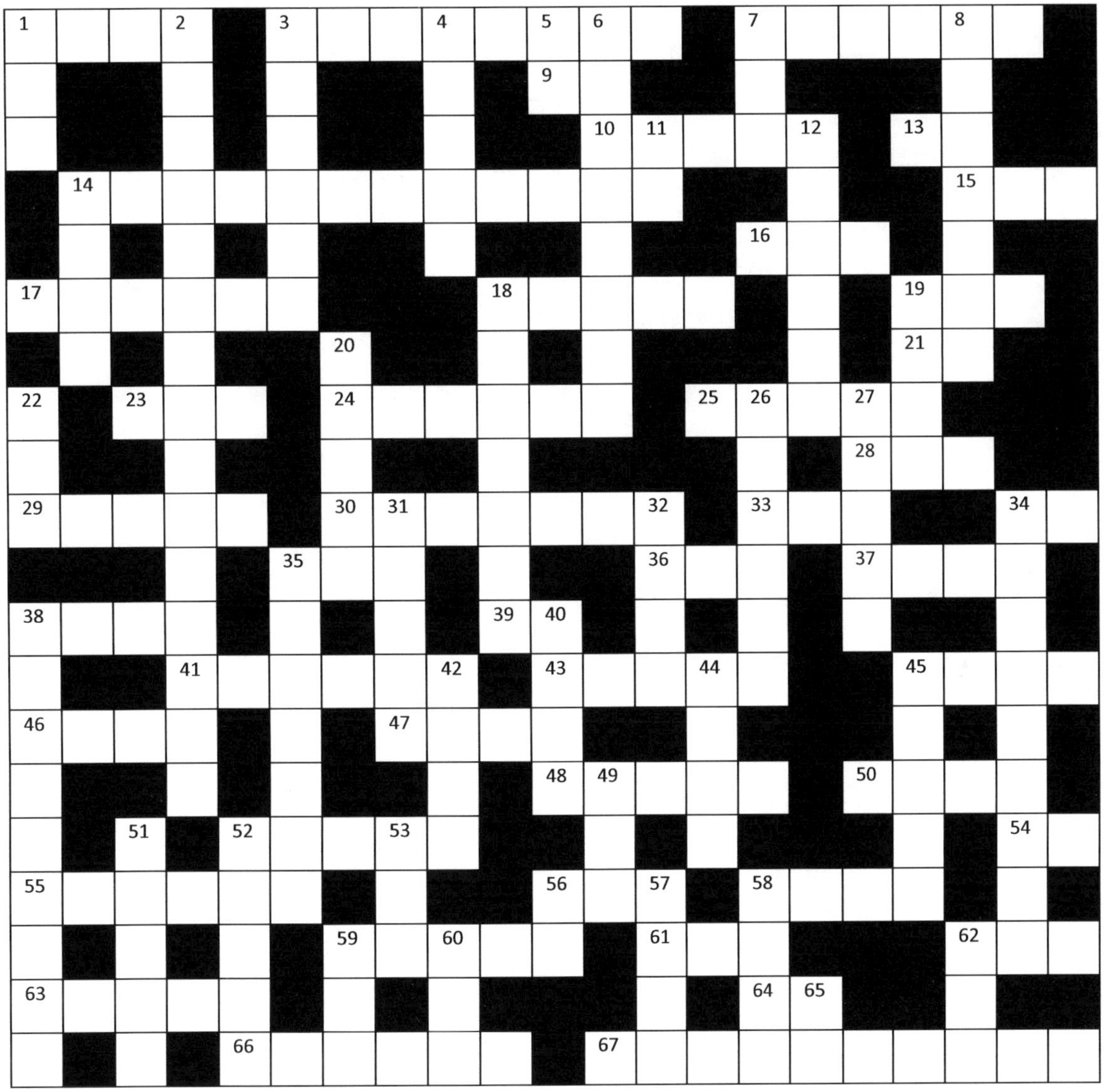
1 2 3 4 5 6 7 8
9
10 11 12 13
14 15
16
17 18 19
20 21
22 23 24 25 26 27
28
29 30 31 32 33 34
35 36 37
38 39 40
41 42 43 44 45
46 47
48 49 50
51 52 53 54
55 56 57 58
59 60 61 62
63 64 65
66 67

English Clues, Polish Answers

PUZZLE #3

ACROSS:

1. WE
2. GRANDMA
4. CHILD
8. THESE
9. WIFE
10. RELATIVES
14. YOU (SINGULAR)
15. FATHER
16. EVIL
17. TO ME
18. ONE
19. I
21. HERE
22. WOMAN
26. WHAT?
27. SHE
29. MACHINE
30. DAUGHTER-IN-LAW
32. ON
33. GRANDSON
34. PARTNER
37. STRAIGHT
38. LITTLE
40. YEAR
41. CEMETARY
42. SISTER
43. FOR
44. DANCE
45. EGOIST
51. VINEGAR
53. MOM
54. NEIGHBOUR
55. HELLO
56. UNMARRIED WOMAN

DOWN:

1. MAN
2. BROTHER
3. DAUGHTERS
4. GRANDFATHER
5. BOY
6. FROM
7. MOTHER-IN-LAW
11. UNCLE
12. SON
13. SON-IN-LAW
17. MOTHER
20. AUNT
23. IT
24. SOCIABLE
25. YOU (PLURAL)
27. HE
28. TEEN
31. BABY
33. GRANDAUGHTER
34. QUESTIONS
35. PARENTS
36. CANCER
39. PERFORMANCE
44. DAD
46. HEY! (CASUAL GREETING)
47. NIGHT
48. THEY
49. HUSBAND
50. NO
51. FROM
52. BOTH
53. TO ME

English Clues, Polish Answers

English Clues, Polish Answers

PUZZLE #4

ACROSS:

1. AGE
3. NOVEMBER
8. MARCH
11. ON
12. AUGUST
13. I SEE/OK
14. DITCH
15. FROM
16. I
17. JOB
19. WHO?
21. JUNE
24. ACT
26. NUMBERS
27. YEAR
29. MAY
30. MORNING
32. JUICE
33. TWO
34. UNIT OF LAND MEASUREMENT
35. DECADE
37. INSCRIPTION
40. BASKET
43. GEL
44. SEPTEMBER
47. BECAUSE
48. FEBRUARY
49. STRAIGHT
50. WHETHER
52. THIS
54. BAD
55. HOUSE
58. FLIGHT
59. ACCURATE
61. END
62. ZERO
63. HOW MUCH?
65. ROOM
68. AUTOMOBILE
70. DECEMBER
72. THIS
73. BAG
74. JANUARY

DOWN:

1. HOWL
2. APRIL
3. JULY
4. NETWORK
5. HE
6. OCTOBER
7. DAYS
8. MINUTE
9. SOON
10. THURSDAY
17. MONDAY
18. COUNTRY
20. PERIOD
22. WINTER
23. PRICE
25. THIS
28. MOON
31. AND
33. DATA
36. COFFEE
37. SUNDAY
38. SATURDAY
39. ALPS
41. SAUCE
42. HERE
45. GREENERY
46. ARE
48. ICE CREAM
49. ASK
51. NIGHTFALL
53. NIGHT
56. MONTH
57. AGAIN
60. FACT
64. EURO
66. IS
67. NOTHING
69. HORSE
71. TO/FOR/TILL
72. THESE

English Clues, Polish Answers

English Clues, Polish Answers

PUZZLE #5

ACROSS:

1. SHOPPING MALL
10. FAR
11. FASHION
12. SAUCE
13. TRENCH
14. OVER THERE
15. EYE
16. WHETHER
17. VIEW
19. ZOO
21. LEFT
22. ON
23. OASIS
25. HERE
26. HOTEL
28. MARKET
31. TO ME
32. MAP
34. WELCOME
36. THESE
37. HAND
39. STATION
41. WE
42. GREENHOUSE
44. CURRENCY EXCHANGE
47. CORNER
48. YOU (PLURAL)
49. I
50. THIS
51. SAME AS 41 ACROSS
52. SMOKE
54. ACCOUNT
55. TUNNEL
57. FREE
58. WHICH
60. VINEGAR
61. FURNITURE
62. HE
63. BRIGHT
65. I HAVE
66. LIBRARY

DOWN:

1. GYMNASIUM
2. ICE CREAM
3. INSITUTE
4. HOSTEL
5. HOUSE
6. GARDEN
7. LAWYER
8. ALCOHOL
9. POST OFFICE
17. PROVINCE
18. IT
20. FROM
24. CASTLE
26. IRONWORKS
27. SAME AS 49 ACROSS
29. BUT
30. MOUNTAINS
33. PHARMACY
35. SUBWAY
36. THIS
37. RUINS
38. ANTIQUES
40. CENTER
42. ARE
43. PAWN SHOP
45. SAME AS 50 ACROSS
46. ADVERTISEMENT
47. CINEMA
49. YARD
52. BELL
53. MUSEUM
55. ROUTE
56. NEW
58. CLUB
59. SAME AS 36 ACROSS
63. SAME AS 27 DOWN
64. SAME AS 31 ACROSS

English Clues, Polish Answers

English Clues, Polish Answers

PUZZLE #6

ACROSS:

1. COMPUTER
5. FRIDAY
8. TROUSERS
10. SIDE
11. ANTIQUE
12. TAP/FAUCET
13. BOSS
14. CRITIC
17. BROTHER
19. AURA
20. EIGHT
21. EIGHTH
23. HOOD OF A CAR
26. COGNAC
28. FRIEND
29. SAD
31. EYE
32. I
33. PALACE
35. OK/WELL
37. GOLD
39. NOTHING
40. MODELS
42. RENOVATION
44. WE
45. SMOKE
48. BUT
50. POUR
51. WOOL
52. PHASE
54. LIFE
55. ANGEL
57. WATER
59. INSTALLMENTS
61. SON
62. YEARS
63. AIRPORT
65. BE
66. HE
67. FATHER
69. CASH
70. WHENCE

DOWN:

1. CUP
2. WET
3. TUNIC
4. NIGHT
5. PERFUME
6. THERMOS
7. SOFA
8. SKIN
9. SURNAME
15. YEAR
16. WALLPAPER
17. BROCCOLI
18. TOKYO
22. MIGRAINE
23. PORRIDGE
24. OK/I SEE
25. DIPLOMA
27. ACTOR
28. WHO?
30. MOUTH
34. HELLO
35. HOUSE
36. BANDAGE
38. TELEPHONE
41. CARPET
43. YOU (SINGULAR)
46. POWER
47. WAIT!
49. LOCAL
52. FRENCH FRIES
53. TREATMENT
56. IT
57. YOU (PLURAL)
58. ALOE VERA
60. THIS
61. DRAGON
64. CORNER/ANGLE
65. BYK
68. SAME AS 32 ACROSS

English Clues, Polish Answers

English Clues, Polish Answers

Puzzle #7

ACROSS:

2. BEAUTIFUL
5. UNDER
8. EVENING
10. RAINBOW
11. OK/I SEE
12. SAME AS 11 ACROSS
13. GREEN
15. GAME
16. HOW MUCH?
17. WINDOWSILL
19. COURT
22. TO/FOR/TILL
23. WHITE
24. TYPE
25. SMOKY
26. CHEESE
28. TO ME
30. FLIGHT
31. IMPORTANT
34. GARLIC
36. DOGS
37. JUICE
38. ROSE
40. DANCE
42. GAMES
43. HOSTEL
45. YOU (PLURAL)
46. VINEGAR
47. WHETHER
49. GIVE
50. ON
51. THEIR
52. BALLET
54. HAMMER
55. TOGETHER
57. SHOE
58. BANANA
60. SAUSAGE
62. ZERO
63. YOU (SINGULAR)
65. OMELET
68. MONTH OF MAY
70. COUSIN
71. SMILE
72. CASH REGISTER

DOWN:

1. PRIZE
2. BEFORE
3. COLOUR
4. BLACK
6. HE
7. AVAILABLE
8. LOOK
9. WHAT?
10. SAME AS 63 ACROSS
14. BLUE
16. INDIGO
17. BIRDS
18. SWEAT
20. MANY
21. TASTY
27. ROK
29. THIS
32. GREY
33. CREATOR
35. DRY
36. PO
37. SEVEN
39. ARTIST
40. SUCH
41. LAST
42. STAR
44. YEARS
46. SHE
48. COLD
52. TRADE
53. BECAUSE
56. MUSIC
57. VERY
58. BALON
59. BOTH
60. CREAM
61. TASTE
64. DAYS
66. HERE
67. THESE
69. I

English Clues, Polish Answers

English Clues, Polish Answers

Puzzle #8

ACROSS:

3. ORANGE
9. GREEN
11. TO/FOR/TILL
12. CLOSED
13. CUP
15. DRAGON
18. PINK
20. COFFEE
21. MOTH
22. ZONE
25. THREE
26. EGGS
28. SHOE
30. MY
31. BUTTERFLY
33. ENVELOPE
34. TO ME
36. TWO
38. NOSE
39. FLOWER
40. ANTYK
43. THIS
45. THRONE
46. ASSISTANT
49. ZERO
50. HE
51. OR
52. CASTLE
56. KING
58. SEA
59. AMERICA
61. LION
62. LIQUOR
63. ANIMAL
64. MR
66. AFTER
67. MARGARINE
68. PRODUCTS

DOWN:

1. WAIT
2. THESE
3. UNDERSHIRT
4. IT
5. WE
6. MORNING
7. COLD
8. FRAGRANT
10. OPEN
14. BROTHER
15. CHEESE
16. COUNTRY
17. SHOPPING MALL
23. YOU (SINGULAR)
24. DINNER
27. AROMA
29. CEMETARY
30. MILLION
32. TESTS
35. ONE HUNDRED
37. TUESDAY
41. TRAINER
42. WHO?
44. EIGHT
47. PLATE
48. CLOTH
53. FAIL
54. FRIEND
55. EYE
57. FARMER
60. EURO
62. OVER THERE
64. UNDER
65. YOU (PLURAL)
66. SAME AS 66 ACROSS

English Clues, Polish Answers

English Clues, Polish Answers

PUZZLE #9

ACROSS:

1. HILL
6. GEOLOGIST
10. OZONE
11. FACE
14. SWAMP
15. BECAUSE
16. ROCKS
17. CULTURE
19. THIS (FOR FEMININE NOUNS)
20. ARE
21. NIGHT
23. I
24. TRIBUTARY
26. CAMERA
27. HAY
28. PARK
30. AROMA
34. I HAVE
35. SWORD
37. EYE
38. HE
40. TO ME
41. MORNING
42. KAYAK
44. BEAR
45. SAME AS 38 ACROSS
46. DITCH
47. YOU (PLURAL)
48. IDEAL
51. COWBOY
54. OK
55. MR
57. BECAUSE
59. THIS
60. YES
62. GEYSER
63. RUINS
66. EDGE
68. ZERO
69. OMEN
71. WILD
72. RICE
73. GLACIER

DOWN:

1. SAME AS 55 ACROSS
2. MOUNTAIN
3. PLAIN
4. CAT
5. TWO
6. GAS
7. FOREST
8. SOIL
9. RIVER
12. CHERRY
13. YEAR
14. RAPIDS
16. SLOPE
18. JULY
22. NIGHTFALL
24. VALLEY
25. WRECK
27. STATE
29. CLIFFS
31. FARMER
32. SEA
33. THIS
34. WET
36. COLD
39. SAME AS 23 ACROSS
42. FLOWER
43. HOW?
47. COAST
49. ALPS
50. NATURE
52. HILL
53. LAKE
54. GARDEN
56. ON
58. TO ME
61. SHRUB
64. NO ONE
65. THESE
67. REPTILE
70. WE

English Clues, Polish Answers

English Clues, Polish Answers

PUZZLE #10

ACROSS:

1. WING
7. DUCK
9. WHY?
12. TERMITE
13. COLD
16. CANINE
18. HEN
20. OK/I SEE
21. ZEBRA
23. SLEEP
27. OTTER
28. RAINBOW
30. RACCOON
32. GAME
33. GAS
34. LLAMA
35. CRAB
37. HE
38. ON
39. CANARY
41. EDGE
44. BEAR
46. TADPOLE
48. HORSE
50. MOOSE
52. TWO
53. HOWL
54. RAT
56. AMPHIBIANS
58. EYE
59. WASP
60. SALT
61. MOLLUSC
63. FISH
65. THROW
67. BLANKET
70. THIS
71. CYCLE
72. GREEN
73. LEG
75. BLACK
77. JELLYFISH
78. PASSWORD
79. FROM

DOWN:

2. CAT
3. SOON
4. BEAK
5. SAME AS 79 ACROSS
6. THEIR
7. GOAT
8. COW
10. FOX
11. EMU
14. MOUSE
15. SNOW
16. BABOON
17. TURKEY
18. KOALA
19. RHYTHM
22. ECOLOGIST
24. HILL
25. MOTH
26. BEE
29. WHAT?
31. MR.
36. DRAGONFLY
40. HORSE
41. LADYBUG
42. GILLS
43. ON
45. GO
47. LAKE
49. EAGLE
51. CRICKETS
55. TOAD
56. AFTER
57. DOGS
61. WRONG
62. FROG
64. EYEBROW
66. YOU (SINGULAR)
68. WALK
69. SEAL
70. SAME AS 66 DOWN
74. REPTILE
75. SAME AS 29 DOWN
76. SAME AS 38 ACROSS

English Clues, Polish Answers

English Clues, Polish Answers

PUZZLE #11

ACROSS:

1. KEY
3. PERSON
6. CAR
9. AFTER
10. BOAT
11. WINDOW
12. CHARGE
15. CARGO
17. PETROL
21. BECAUSE
22. TAXI
23. GREASE
24. WATERMELON
26. I
27. WHO?
29. IS
31. BUS
34. WITHOUT
35. CENTER
37. JACKET
39. HE
40. BIKE
43. LEAFLET
45. WHAT?
46. BAG
47. HOW?
50. PAVEMENT
52. MUSIC
53. COLOUR
55. NUMBER
57. AVENUE
61. EYE
62. CASTLE
63. MOUND
64. FAR
66. WELCOME
68. SCOOTER
69. NAME

DOWN:

1. CIRCLE
2. SUGAR
3. TIRES
4. JUICE
5. BLOCK
6. SMOG
7. SHE
8. EXPENSIVE
13. STAY
14. HERE
16. ONCE
17. LUGGAGE
18. ZERO
19. ON
20. ARREST
23. SUNROOF
25. STREET
27. END
28. GARDEN
30. TRAM
32. YOU (SINGULAR)
33. OFFICE
36. MOTORCYCLE
38. COUNTRY
41. TYPE OF CAR
42. RUINS
44. THIS (FEMININE NOUN)
48. KILOMETER
49. HERE
51. RAVEN
52. DARKNESS
53. SHRUB
54. SAME AS 19 DOWN
55. NIGHT
56. MOTOR
58. HOW?
59. WHENCE?
60. WOLF
64. SMOKE
65. THEY
67. TO ME

English Clues, Polish Answers

English Clues, Polish Answers

PUZZLE #12

ACROSS:

2. SEVEN
4. EIGHT
9. OUR
11. APPLAUSE
13. NUMBERS
15. WEDNESDAY
17. FOUR
18. FIVE
19. CAT
20. ONE HUNDRED
25. MR
26. THREE
28. SUNDAY
30. TIME
31. TOMORROW
35. FROM
36. TREE
37. TUESDAY
40. TWO
42. I
43. THESE
44. FOR
45. HOW MUCH?
46. BECAUSE
47. EXERCISE
51. COUNTRY
54. SLEEP/DREAM
57. DIFFERENT
58. APRIL
61. MOOD
63. DREAMED
66. BOTANY
68. WHAT?
69. THIS
70. NOTHING
71. TASTE
72. WINDOW
73. BUT
74. MOTHER
75. HOUSE

DOWN:

1. DAYS
2. SIX
3. TO/FOR/TILL
5. SATURDAY
6. MARCH
7. CUSTOMER
8. FEBRUARY
10. THEIR
12. YEAR
13. YEARS
14. TO ME
16. COTTAGE
18. MONDAY
20. WALK
21. HE
22. ME
23. NINE
24. MAJ
27. ZERO
29. DOGS
31. ONE
32. GIVE BACK
33. DAY
34. QUARTZ
38. EIGHTEEN
39. CUP/MUG
41. ADDRESS
48. YOU (PLURAL)
49. ON
50. NO
52. MORNING
53. I AM
55. LEAST
56. WEEKEND
59. SPRING
60. PRICE
62. RIVER
64. NIGHT
65. BED
67. ATTACK
71. JUICE

English Clues, Polish Answers

English Clues, Polish Answers

PUZZLE #13

ACROSS:

1. BRAID
4. MAKE-UP
9. THIS
11. PEDICURE
12. FEW
14. ALCHEMY
15. TATTOO
17. TASTE
19. LASER
20. PHARMACY
21. HE
23. MATTRESS
25. EYEBROW
27. STRAIGHT
28. YOU (SINGULAR)
29. LAUNDRY
31. MEDICATIONS
32. TWO
33. CREAM
34. TEMPLE
37. BECAUSE
39. HERS
41. DRESSED
42. CALM
44. TO
46. GREY
48. WEIGHT OR SCALE
49. BALLET
53. UNDER
54. FAIR
55. CONDITIONER
56. CUT

DOWN:

1. EAU DE TOILETTE
2. YEAR
3. COMPLEXION
4. FACE MASK
5. BATH
6. HOW
7. GEL
8. SHAMPOO
9. THESE
10. PIGTAILS
11. ASK
13. INJECTION
16. CAR
17. SKIN
18. IT HAS
21. SHADE
25. ACHE/HURT
26. YOU (PLURAL)
29. POSTURE
30. EYES
31. TREAT/CURE
35. OVAL
36. MIRROR
37. CHIN
38. APPEARANCE
40. I AM
43. YOGA
45. PRETTY
47. RIVER
50. SLEEP
51. BLUSHER
52. ON
54. I

English Clues, Polish Answers

PUZZLE #14

ACROSS:

1. OFFICE
2. ARCHITECT
6. FISHERMAN
10. TO/FOR/TILL
11. BUILDER
13. SEAMSTRESS
15. REFERRING TO ONESELF
16. PILOT
17. ATHLETE
19. EYE
20. PLASTER
22. I
23. ILL
25. ACTOR
26. BEETLE
28. GREY
29. CLUB
30. THIS
31. WHAT?
33. TIMES
34. BAD
35. SAILOR
37. THESE
38. CENTRAL
41. CHARACTERS
43. GESTURE
44. NURSE
46. DANCER
47. OVER THERE
48. SAME AS 34 ACROSS
49. GRANDMOTHER
50. FROM
51. SLOTH
54. DAYS
55. ROUTINE
57. POWER
60. THREE
61. WAITRESS
62. NANNY
63. HAIRDRESSER

DOWN:

1. LIBRARIAN
3. RECEPTIONIST
4. YES
5. TAILOR
6. CYCLIST
7. BECAUSE
8. ACCOUNTANT
9. HE
10. SAME AS 10 ACROSS
12. OPTICIAN
14. GUARD
15. CARPENTER
18. DOCTOR
21. TEACHER
24. GARDENER
27. COOK
32. ELECTRICIAN
36. WATCHMAKER
39. TIGER
40. ACROBAT
42. ACADEMY
44. LAWYER
45. TO ME
48. CAPABLE
49. BARTENDER
52. I SEE/OK
53. THEIR
56. FILES
58. YOU (PLURAL)
59. GAME

English Clues, Polish Answers

English Clues, Polish Answers

PUZZLE #15

ACROSS:

1. THANK YOU
4. FOOT
8. HAND
9. DAY
10. BE
11. SLIGHTLY
12. THESE
13. USE
16. LEG
18. NOTHING
20. NATION
22. SECOND
24. ATTACK
27. SAME AS 12 ACROSS
28. FOUR
30. PHARMACY
34. TWO
35. ONE HUNDRED
37. DREAM
39. WHOM
42. OR
43. AFTER
45. EASILY
47. FATHER
50. HOW
51. HOUSE
53. I
54. DESSERT
55. A BEING
58. HE
59. DINING ROOM
61. THIGH
64. CAT
65. ONE
67. SUNDAY
69. ADDRESS
71. NEW
72. TO/FOR/TILL
75. OLD
76. PRIDE
77. DATE
78. OVER THERE

DOWN:

1. GOODNIGHT
2. CALENDAR
3. HOW?
4. SKIN
5. THIS
6. DOG
7. SUMMER
8. YEAR
9. FOR
12. YOU (SINGULAR)
14. DIFFICULT
15. WIRE
17. GAME
18. ON
19. HELLO
21. CORNER
22. JUICE
23. TODAY
25. SAME AS 12 DOWN
26. COFFEE
29. EVIL
31. FINGER
32. EMOTION
33. ASPECT
36. THIS
38. NOTEBOOK
39. WHEN
40. EYE
41. POWER
44. SWEET
46. PERIOD
48. TOMORROW
49. BUSINESS
52. MINUTE
53. HER
56. SUCCESSFUL
57. CUSTOMER
60. WHENCE
62. SLEEP/DREAM
63. CLASS/GRADE
65. HEDGEHOG
66. SAME AS 16 ACROSS
68. ZERO
70. SMOKE
73. FROM
74. THIS
75. ARE

English Clues, Polish Answers

English Clues, Polish Answers

PUZZLE #16

ACROSS:

1. HOUR
4. YESTERDAY
8. HOW MUCH?
10. HE
13. THIS
14. CASH
16. SOON
17. MR
18. OLD
19. TUESDAY
22. TO/FOR/TILL
23. BECAUSE
24. INSTALLMENT
25. NIGHT
27. YEAR
29. SUN
30. WHAT?
32. SLEEP/DREAM
35. DAYS
36. AUDIT
37. OUR
39. END
40. YEARS
42. OFFER
44. UNDER
45. AMOUNT
46. SPRING
48. CLOCK
49. THEY
50. ANTIQUE
53. BICYCLE
54. TWO
56. MAP
58. BOTH
59. BUSINESS
62. OK
63. THIS
65. QUANTUM
66. DECADE
67. ARE
68. GIVE
69. RETURN
70. DEBT

DOWN:

1. READY
2. HER
3. WRISTWATCH
5. TIME
6. CHARGE
7. HOW?
9. NUMBERS
11. HOLIDAY
12. MIDNIGHT
15. THEY
16. SPEND
17. AFTER
20. EXPENSE
24. REMAINDER
26. DAILY
28. REBATE
31. EVENING
33. NOTHING
34. WEDNESDAY
37. SUNDAY
38. QUANTITY
39. CAT
41. ASSETS
43. WEEKS
44. SWEAT
45. CREDIT
47. MORNING
51. OVER THERE
52. COUPON
53. JOB
55. THESE
57. FILES
60. EURO
61. WHENCE
63. ALSO
64. ON

English Clues, Polish Answers

English Clues, Polish Answers

PUZZLE #17

ACROSS:

1. WINDOW
4. FLOOR
10. CAT
12. TWELVE O'CLOCK
14. BREAKFAST
15. MAKE-UP
18. AFTER
20. VILLAGE
21. THISTLE
22. BATHTUB
23. FIRE
25. INSTEAD
27. FREE
29. COOL!
30. NO
32. GOODNIGHT
34. LEFT
35. THIS
36. GENEROUS
38. BREAD
40. SAME AS 35 ACROSS
41. WHO?
43. DAUGHTER
44. EYEBROW
45. WE
46. BATHROOM
51. YOU (PLURAL)
52. FLOWER
53. SUCH
54. EXERCISE
59. PORTION
62. MATTRESS
64. SOON
66. PURCHASE
67. SAME AS 45 ACROSS
68. TO ME
69. BEAR
71. HORSE
73. CHEESE
74. CAKE
75. BEET

DOWN:

2. SOFA
3. EAVES
4. BIRDS
5. TWO HUNDRED
6. MOUNTAIN
7. YOUR
8. EVERYTHING
9. DISCOUNT
11. FROM
13. KNIFE
15. CITY
16. SAME AS 41 ACROSS
17. APPEAL
19. HE
20. VASE
22. FORK
24. GARAGE
26. BUTTERFLY
28. BICYCLES
29. CLIPBOARD
31. THEIR
32. GOOD
33. BOUTIQUE
35. THESE
37. DASCHUND
38. ALL
39. LICK
41. TAILOR
42. SAME AS 35 DOWN
47. NIGHT
48. BUT
49. JANUARY
50. STAGE
51. EVENING
55. VAMPIRE
56. EARTH
57. VACANCY
58. I
60. DESCRIPTION
61. SAME AS 58 DOWN
63. LYNX
64. SOUP
65. YEAR
70. HERE
72. SAME AS 11 DOWN

English Clues, Polish Answers

English Clues, Polish Answers

PUZZLE #18

ACROSS:

1. BARSTOOL
5. SOFA
8. CLOCK
10. VERY
12. BED
14. ACTIVE
17. TABLE
18. TO/FOR/TILL
19. HERE
20. I SEE/OK
23. CLOTHING
26. ANTIQUE
28. TOILET
29. WE
30. BREAD
32. JACKET
33. SAME AS 18 ACROSS
35. AFTER
36. BUT
37. SALON
39. ALPHABET
42. DIFFICULT
44. SHOE
45. DISPUTE
46. FOREIGN
48. BOTH
49. BICYCLE
50. WHAT?
51. THREE
52. ACT
55. CURRENCY
57. GRANDFATHER
60. ALONE
61. SESAME
64. TOWNHALL
66. ENGLISH
67. LATER
69. OKAY, COOL!
70. PAINTINGS

DOWN:

1. CHAIR
2. GARDEN
3. DISCOUNT
4. SCREWDRIVER
5. STEP
6. NEW
7. PLAN
9. PENNY
11. BUSY
13. WIFE
15. DAD
16. UNCLE
21. HE
22. VASE
24. ROOF
25. FROG
27. BAG
29. MOM
31. MIRROR
32. WAITER
34. SHARP
35. CUSHION/PILLOW
38. BOWL
40. LAVENDER
41. GRANDMOTHER
43. STUBBORN
47. WHAT?
51. TEXT
53. SOUR
54. OVER THERE
56. TENNIS
58. NIGHTFALL
59. FREE
62. WITHOUT
63. DOG
65. BAD
67. AFTER
68. THIS

English Clues, Polish Answers

English Clues, Polish Answers

PUZZLE #19

ACROSS:

2. JACKET
5. DRESS
8. NO
10. OK/ I SEE
11. NEEDLE
14. COAT
15. WINDOW
16. OVER THERE
18. TICKET
19. DAUGHTER
20. FASHION
23. HERE
24. TO/FOR/TILL
25. AESTHETICS
27. SON
29. TWO
31. SHE
33. CLOTHED
35. BELT
36. LATEX
38. HUSBAND
39. UNDERWEAR
40. CHANGE
42. BRIGHT
43. YOU (FORMAL)
44. CULTURE
45. HOW?
47. NIGHTMARE
49. MR.
51. SLIP
52. ATTACK
54. DOGS
55. SWEATER
57. THESE
58. MY
59. DRESSING-GOWN
60. RECEIPT

DOWN:

1. UNIFORM
2. GEL
3. WHO?
4. FACE
5. SOCKS
6. FLOWER
7. ANORAK
9. CUFF
12. NECK CHAIN
13. WIFE
14. TO WASH
16. TREND
17. MAKE-UP
21. FROM
22. ACCESSORIES
26. HANDBAG
28. EARRING
30. SUIT
32. ON
33. MOUTH
34. BLUE
37. PAJAMAS
38. FLY
41. ARTICLE
42. HER
43. UMBRELLA
46. PHARMACY
48. AVENUE
50. SAME AS 32 DOWN
51. HEŁM
53. YOU (SINGULAR)
55. ARE
56. SLEEP
57. THIS

English Clues, Polish Answers

English Clues, Polish Answers

PUZZLE #20

ACROSS:

1. CAMPING
5. SUNNY
8. HERE
9. WATERMELON
11. I
12. SOMETHING
14. UMBRELLA
17. REEF
18. WAVES
21. FISHERMAN
22. ARE
23. TYPHOON
26. THIS
28. BAG
29. HOLIDAY
32. LANDSCAPE
36. OR
37. NEWLY
39. ONCE
40. MONSOON
42. MOTH
43. DRUNK
44. MOSQUITO
47. TENT
48. OASIS
51. HAIL
52. THEIR
54. GEL
56. AMPHIBIAN
57. DELICATE
60. BEER
61. ON
62. CASH REGISTER
64. PARADISE
65. FRIEND
67. JUICE
68. WOOD
69. CARAVAN

DOWN:

1. CUBA
2. SAND
3. SAME AS 61 ACROSS
4. GAME
5. LOCKER
6. NIGHT
7. LEG
10. NO
11. SAME AS 11 ACROSS
13. FROM
14. WINDSCREEN
15. WORM
16. FOREST
18. PAINT
19. YEARS
20. AUTHOR
23. NOW
24. HIS
25. OK/I SEE
27. PERSONAL
30. AROMA
31. BRIGHT
32. RAVEN
33. MORNING
34. BE
35. PINEAPPLE
36. JULY
38. THEY
41. HE
43. BEACH
45. SEA
46. FAMILY
49. BACKPACK
50. SLEEPING BAG
51. REPTILE
53. HURRICANE
55. MAP
58. KAYAK
59. YES
62. CAT
63. TWO
64. YEAR
66. LION

English Clues, Polish Answers

English Clues, Polish Answers

PUZZLE #21

ACROSS:

1. OVER THERE
4. SECOND
10. TOGETHER
11. LETTER
12. CHEAP
13. LAST
15. JACKET
17. MORNING
19. TOMORROW
21. UNFORTUNATELY
23. I
24. DIVORCE
25. HE
27. FROM
29. THESE
30. ACHE
31. AMEN
33. GREEDY
35. TRENDS
36. WIND
37. MOUSE
39. RIVER
40. TWO
41. CLUB
44. YEARS
45. FROM
46. ONE HUNDRED
47. BEER
48. LAWYER
50. NUMBER
53. NEON LIGHTS
55. WHAT?
58. PLATE
59. WELCOME
60. VINEYARDS
61. ACADEMY
64. ARE
65. SENTENCE
66. FROM
69. ANTIQUES
71. RENOVATION

DOWN:

1. HERE
2. MINUTE
3. PATTERN
4. DRAGON
5. CAT
6. NOTEBOOK
7. MAINTENANCE
8. OLD
9. FAUCET/TAP
10. RECORD
14. SANDALS
16. TAVERN
18. EYEGLASSES
20. NEGATIVE
22. THIS
26. DINNER
27. SAME AS 25 ACROSS
28. TREASURE
32. TRUTH
34. MONTH
36. VASE
37. RASPBERRY
38. STRAINER
40. TO/FOR/TILL
41. WHO?
42. LOCALLY
43. NO
46. SWEATER
49. BAG
51. MIAMI
52. ROME
54. NONSENSE
56. INSECT
57. MIXER
60. AT THAT TIME
62. COUNTRY
63. FLOUR
66. SAME AS 25 ACROSS
67. SAME AS 40 DOWN
68. SAME AS 23 ACROSS
70. ON

English Clues, Polish Answers

English Clues, Polish Answers

PUZZLE #22

ACROSS:

1. BLACK
3. SATURDAY
8. AFTER
9. BEAUTIFUL
10. EDUCATION
14. THROW
15. THIS
16. TO/FOR/TILL
17. WEEK
18. SON
19. I SEE/OK
20. FATHER
22. SARCASM
25. BLOCK/UNIT
26. YEARS
30. CONSTANT
31. NATURE
32. SLEEP/DREAM
33. LONG
34. BILL
37. SHE
38. KOLORS
40. MAST
41. PASSWORD
42. GOLD
43. WALLET
46. SOUP
47. ANTENNAS
49. SHOWN
52. OUCH
55. BECAUSE
56. HOW MUCH?
58. THESE
59. WHO
61. PATE
62. ANGEL
63. AROMA

DOWN:

1. RED
2. YEAR
3. GREY
4. BORSCH
5. LIQUOR
6. DRINK
7. ROCK
8. QUESTIONS
9. MR
11. STREET
12. ADDRESS
13. WHAT?
18. TROUSERS
21. ALL
23. CUP/MUG
24. HONEY
25. BOUDIOR
27. TOILET
28. ROOF
29. FOOT
30. STATE
32. SENSIBLE
34. FAMILY
35. KISS
36. EAR
38. BASKET
39. LIGHT FIXTURE
40. MOTHER
44. IT
45. TELESCOPE
48. ONLY
49. POET
50. COCOA
51. ZEBRA
53. MOUTH
54. THREE
57. GIVE
60. HE

English Clues, Polish Answers

English Clues, Polish Answers

PUZZLE #23

ACROSS:

1. LAPTOP
3. EDUCATED
6. YOU (SINGULAR)
7. BLACKBOARD
9. TEXTBOOK
14. TABLE
15. MATHEMATICS
17. I
18. MARKET
19. WHOM
20. RIVER
21. ADDRESSES
23. GAME
24. TO ME
25. YOU (PLURAL)
26. NIGHT
27. EPISODE
28. PLURAL

29. ATLAS
32. WASHING MACHINE
34. GAMES
35. NEW
38. AXIAL
39. COOL! NICE!
40. ESSAY
42. AUTHOR
44. JUICE
46. CAR
50. BENCH
51. CASTLE
52. DIPLOMA
53. DOT
55. ANGEL
56. EXPERIMENT
57. ON
58. THIS

DOWN:

2. PLASTICITY
3. WORKING
4. FOLDER
5. I SEE/OK
7. PENCIL SHARPENER
8. SHOE
10. EXPERIENCE
11. TEACHER
12. FORMATION
13. PEN
16. EDUCATION
17. YARD
22. HOUSE
23. GEOGRAPHY
30. RULER
31. DICTIONARY
32. HOMEWORK
33. LESSON

36. TO/FOR/TILL
37. SPELL
41. ARE
43. UNDERSTAND
45. PENCIL
47. FASHION
48. HALL
49. NOTEBOOK
54. DOGS

English Clues, Polish Answers

English Clues, Polish Answers

PUZZLE #24

ACROSS:

1. EXCUSE ME
6. WASTE
10. OR
11. EIGHT
12. SMOKE
14. NAME
16. NOSE
17. EYEGLASSES
18. NOTHING
19. WELL/GOOD
21. OPPORTUNITY
23. HERE
26. GATE
27. HIS
29. AFTER
30. DATE
31. HE
32. MAYONNAISE
34. LEFT
36. EXPENSIVE

38. SEASON
40. LOTTERY
41. ON
42. THREE
43. BAKE
47. ARE
48. I
49. METERS
50. MAYBE/PERHAPS
53. TRAINER
55. SAME AS 31 ACROSS
56. WINTER
58. CAT
59. DATES
60. TEAM
62. SOMETHING
63. BETTER
64. WET
66. BOTH

67. DAD
68. POLAND
69. ONE HUNDRED
70. SUBWAY

DOWN:

1. PLEASE
2. CHANGE
3. HELP
4. STYLE
5. SMALL
6. LUNCH
7. HOUSE
8. TO/FOR/TILL
9. ABSOLUTELY
12. A LOT
13. PASTA
15. GINGER
16. NO

20. COLD
22. FOOD
24. BECAUSE
25. TWO
26. BALCONY
27. ELEVEN
28. VOICE
29. AFTER
32. APARTMENT
33. IS
35. I KNOW
37. BEAR
39. SOUP
44. CHECK
45. CHEESE
46. DIFFICULT
47. SWEATER
49. METHOD
51. SIDE
52. SCARF

53. THIS
54. NIGHT
57. MAP
60. STAGE
61. TIME
64. I HAVE
65. CORNER/ANGLE
66. FROM
67. THIS

English Clues, Polish Answers

English Clues, Polish Answers

PUZZLE #25

ACROSS:

2. PROGRAM
6. SYSTEM
10. ICON
12. WRITE
13. SCANNER
14. NIGHT
15. WHAT?
16. TWO
17. ADEPT
20. HERE
21. BRIEFCASE
23. YEAR
25. EVIL
26. OFFER
29. ROLE
30. THISTLE
31. OVER THERE
34. BOTH
35. MORNING
36. AGENCY
38. PAUSE
39. NO
40. GO
41. YEARS
42. AFTER
44. ADDRESSES
47. HE
48. NETWORK
49. BASKET
51. TO ME
52. THIS
53. PRINTER
54. GROUP
56. SHE
57. BUSINESS
60. IDIOT
61. GIFT
62. EXPENSE
64. FOLDER
65. OKAY
67. PERSON
68. IT

DOWN:

1. PAPERCLIP
2. PROCESSOR
3. REPORT
4. MOUSE
5. BE
6. SERVER
7. TEXT
8. MONITOR
9. COUNTRY
11. CODE
18. BLACKBOARD
19. LAPTOP
22. SEND
24. KOMPUTER
27. SCREEN
28. TENDER
31. WALLPAPER
32. CATALOG
33. MEMORY
37. STAGE
41. LETTER
43. EIGHT
45. COUNSELOR
46. SMARTPHONE
49. ENVELOPE
50. WRITE DOWN
52. HERE
53. DAYS
55. RADIO
57. FAX
58. CAR/VEHICLE
59. NIGHT
63. ARE
65. TO/FOR/TILL
66. BECAUSE

English Clues, Polish Answers

English Clues, Polish Answers

PUZZLE #26

ACROSS:

1. DOCTOR
4. FEVER
7. WASP
10. STETHOSCOPE
13. HOSPITAL
15. THESE
16. WATER
18. GRADE/CLASS
19. DIARRHEA
21. DATE
23. MOUTH
24. AFTER
25. NOSE
26. TO/FOR/TILL
28. TO ME
31. RIB
32. YEARS
34. EXERCISE
37. LIKE
39. CORNER
40. FREE
41. YOU (PLURAL)
42. NO
43. REIKI
45. TESTS
46. HAEMORRHAGE
48. WE
49. DOSE
51. DRUG
53. EYELASH
55. FROM
56. EYE
57. BARE
59. BREAD
61. TOMORROW
62. ASTHMA
64. HE
65. SLEEP/DREAM
67. GLAUCOMA
68. FLU

DOWN:

1. LETTER
2. PHARMACY
3. FAINT
4. HEAD
5. WHETHER
6. COUGH
8. NIPPLE
9. HOW MUCH?
11. THERAPY
12. AFTER
14. SPIT
17. RAIN
19. BLOOD TEST
20. ALLERGY
22. THIS
27. THESE
28. MILK
29. I
30. NERVE
31. GEL
33. PULSE
35. VIRUS
36. SICK
38. EAR
40. DETAIL
44. TWIST
46. NECK
47. FACE
48. BRAIN
49. BREATH
50. HALF
52. ANKLE
54. STAY
56. APPREHENSION
58. OIL
59. WHAT?
60. FEBRUARY
61. HOW?
63. BUT
66. ON

English Clues, Polish Answers

English Clues, Polish Answers

PUZZLE #27

ACROSS:

1. CAR
5. CHEESE
7. PAWNSHOP
11. FROM
12. MIRROR
13. HOW MUCH?
14. ANTENNA
16. THESE
17. DIET
19. I
20. HAMMER
23. TIMES
24. WE
25. APPREHENSION
26. HE
28. SON
29. EAT
30. BETTER
31. ARE
32. ATOM
34. AFTER
35. ACT
36. VERY
38. HOUSE
40. SURGEON
41. NO
42. EFFECTS
44. JUICE
45. MARATHON
47. PLATE
48. COOKIE
49. HERE
51. GAS
52. EVIL
56. ZOO
58. ABSINTHE
59. APPLE
61. CREDIT
62. STRIKE
63. BARGAINS

DOWN:

1. SALT
2. BUTTER
3. CIRCUS
4. NINE
5. SEVEN
6. BICYCLE
8. MENU
9. AVENUE
10. TWO
15. SURNAME
18. WATERMELON
20. MONTH
21. THIS
22. EIGHT
23. RADIO
26. SHE
27. CHARGES
29. YOGURT
33. ATHLETE
34. MONDAY
35. AGENCY
37. BIG
38. RAIN
39. PASTA
43. DAD
45. MECHANIC
46. ROUTINE
47. THIS
50. GREASY
51. MOUNTAIN
53. CORD
54. BECAUSE
55. STACK
57. WHAT?
59. HOW?
60. BUT

English Clues, Polish Answers

English Clues, Polish Answers

PUZZLE #28

ACROSS:

1. PECAN
4. HOW?
5. I HAVE
6. TO ME
7. DISH
10. CANINE
12. I
13. SALAMI
15. VALUABLE
16. TWO
17. ICE CREAM
19. SWEET
20. ARE
21. KIWI
25. SOUR CREAM
26. WHO?
27. LIKE
28. HIS
29. PLUM
32. MARJORAM
35. EVIL
36. GOAT
38. GAS
40. PEPPER
41. CURRY
42. THESE
45. NUTMEG
47. WHAT?
48. ON
50. CUCUMBER
52. CORIANDER
54. DILL
57. THIS
58. YOU (SINGULAR)
59. I SEE/OK
60. SHELL
61. MINT

DOWN:

1. BAKE
2. CUMIN
3. EGG
4. IS
5. HONEY
8. ON
9. BLUEBERRY
10. BEAUTIFUL
11. SAME AS 58 ACROSS
14. BUTTER
17. LEAF
18. GIN
19. TASTES
20. SESAME
22. GINGER
23. ECOLOGIST
24. OIL
28. SAME AS 12 ACROSS
30. CANE
31. ROSEMARY
33. TARRAGON
34. TURMERIC
35. GRAIN
37. OREGANO
39. HERE
41. GARLIC
43. MIDDLE
44. SAFFRON
46. COCONUT
49. BUNDLE
51. GRAM
53. SAME AS 58 ACROSS
55. HE
56. AFTER
58. THIS

English Clues, Polish Answers

English Clues, Polish Answers

PUZZLE #29

ACROSS:

1. CELL PHONE
6. STORE/SHOP
8. CITY
9. APPLE
11. CLASS/GRADE
13. THESE
14. CUT
15. DOCUMENT
18. BAG
19. THIS
21. WET
22. NO
24. SALAD
25. LIST
28. HALF
29. AFTER
30. GOAT
31. PAINT
32. WEATHER
33. DAYS
34. WINDOW BLINDS
35. COFFEE
37. CHERRY
39. FROM
40. YOU (SINGULAR)
43. THIS
44. BLUE
46. BREAD
49. SPRING
50. WATER
51. DINNER
52. YES
53. NEW
54. TO/FOR/TILL
55. HAM
57. SAME AS 29 ACROSS
59. DANCER
60. WAITER
61. THEATER

DOWN:

1. CUP/MUG
2. POPPY SEED
3. FLOWER
4. BAKE
5. BOOK
6. JUICE
7. RIGHTS
9. ONE
10. THEY
12. ADDRESS
16. THEY
17. BUTTER
18. ONLY
20. TUESDAY
21. MAP
23. EPISODE
26. WEEK
27. SOCKS
31. FRENCH FRIES
32. BEER
33. GIVE
34. YEAR
36. AVOCADO
38. CANDLE
41. CAKE
42. STAIRS
45. WHITE
47. EVENING
48. PEAK
49. BATHTUB
50. VIEW
53. NIGHT
55. SON
56. CAT
58. I

English Clues, Polish Answers

English Clues, Polish Answers

PUZZLE #30

ACROSS:

3. REFRIGERATOR
7. MARKET
9. WHO?
11. MY
13. TO RUB
14. HAM
16. IT
17. TABLE
18. HONEY
19. DRUG
21. GOOSEBERRY
24. THREE
26. DRINK
28. KETTLE
29. CUP
30. WE
32. NIGHT
34. COFFEE
36. WHEN?
38. SAME AS 9 ACROSS
39. WINE
41. BECAUSE
42. WINDOWS
43. MOTION
45. SAME AS 30 ACROSS
46. TO ME
47. THESE
48. BE
49. SOUR SOUP
51. A WAFFLE
54. SOUR
57. CHEESE
58. CREAM
60. OK
61. RICE
63. FROM
64. SAME AS 63 ACROSS
65. ARREST
66. WITHOUT
67. CASH REGISTER
68. THIS
70. ANOTHER TERM FOR KETTLE
72. BONE
73. NOSE
74. LOBSTER

DOWN:

1. WINDOW
2. COOK
3. POUR
4. DIET
5. VISTULA
6. JUICE
7. THIS (FEMININE)
8. HUNGRY
10. DRINKING GLASS
11. ME
12. I
15. TO ME
20. MUG/CUP
22. REAL
23. SON
24. TISSUE
25. FREEZE
26. OVEN
27. STRAINER
28. BREAD
31. FRUIT
33. SUGAR
35. FRESH
37. HOUSE
40. ON
44. MIXER
46. SAME AS 30 ACROSS
48. SIDE
50. CANCER
51. PEAR
52. APRON
53. FRY
55. WATER
56. WORLD
59. FISH (PLURAL)
60. COPY
62. GEL
63. SAME AS 1 DOWN
65. OR
69. HE
71. SAME AS 7 DOWN

English Clues, Polish Answers

English Clues, Polish Answers

PUZZLE #31

ACROSS:

1. CORN
6. I
7. GARLIC
9. CELERY
12. BEETROOT
13. CHARD
14. HERE
16. YOU (SINGULAR)
17. GINGER
19. CARP
20. TURNIP
21. FRIEND
24. LEEK
27. CLOVE
30. SHE
32. RADISH
36. CARROT
39. BEER
43. BEAN SPROUTS
45. PIZZA
46. CENTER
47. FROM
48. WE
49. HORSERADISH
50. PUMPKIN
52. CORNER
54. EYE
55. PARSNIP

DOWN:

1. CABBAGE
2. KOHLRABI
3. EARTH
4. TOMATO
5. WITHOUT
8. BRUSSEL SPROUTS
10. ENDIVE
11. THIS
13. BROAD BEAN
15. GRAIN
18. THIS
19. FENNEL
22. HE
23. GAS
25. RUCOLA
26. OKRA
28. BROCCOLI
29. HORSE
31. ON
33. CUCUMBER
34. ONION
35. PEAS
36. WE
37. WHAT?
38. CHAMPIGNON
40. SWEET
41. PEPPER
42. SPINACH
44. ONCE
47. IT
50. TO/FOR/TILL
51. I SEE/OK
53. SAME AS 14 ACROSS

English Clues, Polish Answers

English Clues, Polish Answers

PUZZLE #32

ACROSS:

1. CITY
5. CHURCH
10. OPEN SQUARE
12. WATER
13. ZONE
15. ENERGY
18. THESE
19. ROUNDABOUT
20. PEOPLE
21. GAME
23. THIS
27. TO ME
28. BUS STOP
30. TRAM
34. CENTRE
36. STRAIGHT
37. SHOE
39. YOU (PLURAL)
41. HUSBAND
42. TON
43. CENTRAL MARKET
44. I
45. ATLAS
46. GOLD
48. HOSPITAL
50. WAFFLE
52. OVER THERE
53. DINNER
55. YEARS
56. PHARMACY
58. TWO
61. COLOUR
63. GOVERNMENT OFFICE
65. SHORT
67. FROM
69. RAIL
71. WHO?
72. IT
73. LETTER
74. YES

DOWN:

1. BRIDGE
2. SIX
3. FUMES
4. SAME AS 44 ACROSS
6. THEY
7. BRICK
8. WHAT?
9. GALLERY
11. CEDAR
12. CHIEF
14. THEATRE
16. I SEE/OK
17. ALARM
22. TOWN HALL
24. OZONE
25. SHARP
26. SHE
28. POST OFFICE
29. TRAFFIC JAM
31. AROMA
32. TOWER
33. JEWELER
35. FACE
38. THOUSAND
40. HE
43. RUINS
44. FIR
46. CASTLE
47. GARDEN
48. SMOG
49. MIRROR
51. PILLAR
52. LAWN
54. FAR
57. AFTER
59. UNCLE
60. ADDRESS
61. CINEMA
62. TO/FOR/TILL
64. SIGN
66. ONE HUNDRED
68. DAYS
69. ANGLE
70. FLIGHT

English Clues, Polish Answers

English Clues, Polish Answers

PUZZLE #33

ACROSS:

1. SOMEONE
3. NEVER
5. CORNER
7. EYEBROW
9. I
10. I LIKE
12. NEW
13. CHANCE
15. STAY
16. I KNOW
17. YOU (PLURAL)
18. ON
19. BLOOD
20. WHETHER
21. AGO
22. CAESAR
25. CHILD
26. AVERAGE
28. THIS
29. WE
30. WHICH
33. ALREADY
35. MANY
37. NO
38. THESE
39. HUMAN
42. ANGER
45. AFTER
46. RIVER
47. BECAUSE
49. SAME AS 38 ACROSS
50. MOTH
52. I HAVE
54. COUNTRY
56. DIFFICULT
60. BASKET
61. SAME AS 38 ACROSS
62. BED
63. SOMETHING
66. BUSINESS
67. WE ARE
68. WRITE
70. FASHION

DOWN:

1. A FEW
2. GIANT
3. OUR
4. TO/FOR/TILL
5. CAVIAR
6. HERE
7. BOX
8. SO
11. HE
12. ON
13. TASTY
14. OLD
15. ALWAYS
17. ENTRANCE
18. SAME AS 12 DOWN
19. CARDS
20. WHY?
23. SIGN
34. WIFE
27. BLOW/PUFF
31. TURNIP
32. SNOW
33. HIS
34. WILDCAT
35. TUESDAY
36. BAD
40. EXPENSES
41. CAT
43. KNOW
44. TOPIC
48. YES
51. LOVE
53. YOU CAN
55. IS
57. ROUNDABOUT
58. DIET
59. RATING
64. WASP
65. HER
69. SAME AS 45 ACROSS

English Clues, Polish Answers

English Clues, Polish Answers

PUZZLE #34

ACROSS:

1. MEAL
4. DIET
6. RICE
7. TOAST
10. RESTAURANT
12. TOMATO
15. HERE
16. SHARP
17. SOUP
18. SET
21. SMOKE
23. OREGANO
25. TURNIP
26. SAUCE
27. CASH
31. GROATS
34. YOU (PLURAL)
35. YEARS
36. ON
37. SALAMI
39. I
40. VEGETABLES
42. I SEE/OK
43. MOTH
44. CARD
46. ENJOY YOUR MEAL!
48. HE
51. HAM
53. THIS
54. WE
56. JUICE
57. UNDER
58. HEAP
59. NEXT TO
61. PORTION
63. HOW MUCH?
64. ICE CREAM
65. LEMON
66. FOR
67. CREAM

DOWN:

1. PEPPER
2. ARE
3. WHICH?
4. DESSERT
5. GREASY
6. BILL
8. STRAWBERRY
9. TO ME
11. PINEAPPLE
13. BUTTER
14. TWO
15. THIS
19. BEEF
20. THESE
21. BIG
22. FROST
24. FROM
26. SALAD
28. YOU (SINGULAR)
29. POUR
30. ATLAS
31. CAFE
32. CHEESE
33. SHE
38. ADDRESS
41. VEGAN
45. COCKTAIL
47. COLD
49. ON
50. SUGAR
52. HEALTHY
53. TRUFFLE
55. AFTER
57. BAKE
60. BANK
62. BE

English Clues, Polish Answers

English Clues, Polish Answers

PUZZLE #35

ACROSS:

1. MEASURE
5. ANKLE
10. BAG
12. HE
13. BOTTLE
16. WEIGHT
17. WHETHER
18. WINDOW
19. FACE
21. TON
23. LITER
24. THIS
25. THIN
26. PIXEL
27. WORLD
29. OK/I SEE
31. MORNING
32. EPIDEMIC
34. AFTER
36. GRAM
38. WHO?
40. FROM
41. BOX
43. EYE
44. HOW MUCH?
45. SPECTRUM
46. ARE
47. MAGNET
49. GIVE
50. LION
51. FOOT
55. SAME AS 24 ACROSS
56. TESTS
57. THIS (FEMININE)
58. CLOCK
59. DIRT
60. MOTH
63. JOB
65. CODE
66. POUR
67. MEASURE
69. I
70. AFTER
71. EIGHTH
72. MOMENT
73. ATLAS

DOWN:

1. METER
2. YEAR
3. EXERCISE
4. THREE
5. WHOM
6. SHE
7. TUBE
8. AEROSOL
9. VOLUME
11. QUART
14. YEARS
15. ANALYSIS
20. DAYS
22. DEVICE
23. RULER
24. RATE
26. FILE
28. OVER THERE
30. FROM
33. ATOM
35. SUBTRACT
36. GALON
37. SUCCESSFUL
39. ABOUT
41. RIGHT
42. DRINK
45. WEIGH
47. METERS
48. SEVEN
51. OLD
52. SAME AS 57 ACROSS
53. BEER
54. CONSENT
56. HERE
58. PURCHASE
59. WHITE
61. NOISE
62. ALL
64. BYTE
68. ANGLE
69. SAME AS 69 ACROSS

English Clues, Polish Answers

English Clues, Polish Answers

PUZZLE #36

ACROSS:

1. I UNDERSTAND
5. THANK YOU
11. CASTLE
12. MONTH
13. OLD
14. OR
16. WHO
19. CHEESECAKE
20. WHAT?
21. OPPORTUNITY
23. HE
24. SKY
26. MOUTH
31. SHOE
32. DILL
34. I
35. REVOLUTION
37. FREE
38. GARBAGE
39. TICKET
42. KNOWN
44. WILD
45. WHOLESALE
46. CLOCK
49. ETHER
53. FROM
54. CLOWN
56. FINGER
58. SURELY
60. FOOD
62. MR
64. DISTRICT
67. MARKET
68. NIGHT
70. SAME AS ABOVE
71. SHE
72. DATE
74. TO ME
75. FRONT
76. BAD
77. EARS

DOWN:

1. ONCE
2. COLD
3. PASTA
4. MOM
5. JAM
6. NAME
7. BLANKET
8. I AM
9. FRENCH FRIES
10. BATHTUB
15. BECAUSE
16. DOT
17. EYE
18. US
21. BOTH
22. TOMORROW
25. HOW MUCH
27. DURABLE
28. GRANDCHILDREN
29. MY
30. TROUSERS
31. VERY
33. REALIZATION
34. I
36. CURRENT
37. DIET
39. DESK
40. FLIGHT
41. FROM
43. NO
47. HAIL
48. BICYCLE
50. WALLPAPER
51. DITCH
52. SAME AS 34 ACROSS
55. PINEAPPLE
57. LEFT
59. NEVER
61. STAGE
63. OK/I SEE
65. THEY
66. THEIR
69. WHETHER
71. FROM
73. HERE

English Clues, Polish Answers

English Clues, Polish Answers

PUZZLE #37

ACROSS:

1. WHY?
5. DOCTOR
8. FOREIGN
10. DAYS
11. GO
12. PHASE
13. NORMAL
15. THIS
16. YOU (SINGULAR)
17. THEY
18. WHEN?
19. EMOTION
22. JAM
24. HERE
25. HE
27. LANGUAGE
30. INTERESTING
33. WHETHER
34. THEIR
36. SOIL
39. A LITTLE BIT
41. FAST
43. BAD
44. ALONE
45. I SEE/OK
46. CINEMA
48. WE
49. PUB
51. WIFE
53. CAR
56. WASP
57. SAME AS 25 ACROSS
58. ARE
59. CLASS/GRADE
61. I AM
63. TO/FOR/TILL
64. PERIOD
67. SMILE
69. DISCOUNT
71. CASTLE
72. NO
73. SUMMER
75. SISTERS
76. ONLY
77. FROM

DOWN:

1. THANK YOU
2. WHAT?
3. WHERE?
4. SHE
6. CARD
7. IT DEPENDS
9. CEMETARY
12. FRENCH FRIES
13. NIGHT
14. WE
15. TONE
20. MAYBE
21. I
23. I HAVE
26. BUSY
28. LET'S BEGIN!
29. PRICE
31. LEGS
32. ILL
33. OFTEN
35. EVERYTHING
37. DRUG
38. BANK
40. CHANGE
42. BECAUSE
47. IT
48. YOU HAVE
50. AFTER
51. GEL
52. NOS
54. HEY!
55. DISTANCE
58. SAD
59. BLANKET
60. THESE
62. OMELET
63. DETAIL
65. FAUCET
66. SEX
68. HELLO (PHONE GREETING)
70. WHO
74. FROM

English Clues, Polish Answers

English Clues, Polish Answers

PUZZLE #38

ACROSS:

1. RAT
4. HEDGEHOG
6. MOUSE
7. WOLF
9. TAIL
10. ACHE/HURT
11. SWAN
13. LITTLE
14. YOU (SINGULAR)
15. SQUIRREL
16. YEAR
17. CAT
19. AFTER
21. BIG
22. WARM
23. HUMAN
25. GARGOYLE
28. FROG
30. TURKEY
32. LITER
33. SWORDFISH
35. SEA LION
39. EAGLE
40. EYE
43. SHE
45. HORSE
46. LADYBUG
47. THESE
50. KANGAROO
51. TERMITE
52. LION
55. YOU (PLURAL)
56. ARE
57. DOLPHIN
58. MUSSEL
59. MONKEY

DOWN:

1. RACCOON
2. HAMSTER
3. FISH
4. DEER
5. TURTLE
6. FURNITURE
8. CROCODILE
12. BOAR
13. MACKEREL
14. YES
18. CARE
20. TO
22. WHAT?
24. RABBIT
26. GORILLA
27. ANIMALS
29. ALLIGATOR
30. THE LETTER Y
31. JAM
34. CALF
35. LOCAL
36. WOMBAT
37. FROM
38. SCORPION
41. FALCON
42. I
44. ON
48. ENZYME
49. SHOE
53. SNAKE
54. WASP

English Clues, Polish Answers

English Clues, Polish Answers

PUZZLE #39

ACROSS:
1. MUSTARD
6. OMELETTE
10. MAIN
11. THIGH
12. IS
14. WHENCE
16. SHORT
18. AUNT
19. CREPES
21. MINUTES
22. YOU (SING.)
24. SIGHTSEEING
27. ALSO
29. EYELASH
31. HE
33. A PEPPER
34. CRUMB
35. SLICE
37. DRAGON
40. THESE
41. WE HAVE
43. THIS
44. TOGETHER
47. OKAY
49. HERE
50. SAME AS 31 ACROSS
52. BILL
56. FACE
57. LIST
58. SUDDENLY
59. EFFECT
62. TAP/FAUCET
64. LAUGH
66. WINDOW
67. SISTER
69. WHO?
70. THEY
71. YOGURT
73. TO/FOR/TILL
75. ON
76. CLAN
77. GIVE
78. RARELY

DOWN:
1. MAYONNAISE
2. SAUCE
3. THIS
4. YEAR
5. VOICE
6. SHE
7. WE
8. TUNA
9. WIFE
13. TRAINER
14. SON
15. DAYS
17. CONTRAST
18. WHETHER
20. SANDWICH
21. MEDICAL
22. THIS (FEM.)
23. THESE
25. TUESDAY
26. SOUP
27. YES
28. LIFE
30. JUICE
32. OK/I SEE
35. WHO?
36. MAY
38. MENU
39. SAME AS 31 ACROSS
41. MOUSSAKA
42. SEA
44. ADVERTISEMENT
45. ALWAYS
46. MAP
48. ELEGANCE
51. STEAK
53. HOOK
54. SAME AS 32 DOWN
55. PROPOSAL
60. BEAN
61. TOASTER
63. NO ONE
64. WEDNESDAY
65. PRICE
68. ALREADY
70. IT
72. SAME AS 31 ACROSS
74. FROM

English Clues, Polish Answers

English Clues, Polish Answers

PUZZLE #40

ACROSS:
1. GATE
5. RAIN
8. JUICE
10. FLOWERS
11. GESTURE
12. BRIDGE
14. FURNITURE
15. ACID
16. I KNOW
17. NEW
18. BELL
20. GAME
22. CORNER
23. OK/I SEE
25. TIRE TUBE
28. HAIL
30. FABRIC
33. WE
34. SAME AS 23 ACROSS
35. RIVER
37. SPEAKS
38. DATE
39. AIRPLANE
41. FROM
42. AESTHETICS
46. WHAT?
48. THIS (FEM.)
49. REFERRING TO SELF
50. AND
51. GREEN
52. IRONWORKS
54. SWEAT
56. ITALY
57. ROME
61. WOOL
63. I
64. GO!
66. THOUSAND
68. JAM
69. EYE
71. TO ME
72. FACT
73. BIRD
75. SMALL
77. SAME AS 46 ACROSS
78. IMPULSE
81. WINDY
82. ATHLETE
84. MARCH
85. FROM

DOWN:
1. BALCONY
2. APARTMENT
3. AKT
4. SAME AS 75 ACROSS
5. SMOKE
6. PINE
7. CASTLE
8. SATURDAY
9. CREAMY
11. REPTILE
13. THIS
16. INTERIOR
19. SAME AS 85 ACROSS
21. YEAR
24. GARDEN
26. WHEN?
27. SAME AS 71 ACROSS
29. TO/FOR/TILL
30. DAD
31. NEXT
32. TENT
33. DARK
36. CACTUS
37. SEA
40. SAME AS 13 DOWN
43. ONE HUNDRED
44. DANCE
45. HERE
47. THIS
49. SALAMI
53. SECRET
55. HE
58. GOLDEN
59. DARKNESS
60. YOU (SING.)
61. SNAKE
62. ADDRESS
65. MOTH
66. TYPICAL
67. WALK
70. ON
72. WAVE
74. CAT
75. BRAIN
76. DESCRIPTION
79. SAME AS 43 DOWN
80. SAME AS 11 DOWN
83. SAME AS 13 DOWN

English Clues, Polish Answers

English Clues, Polish Answers

BONUS WORD FIND! FIND THE POLISH WORDS BELOW

RED – CZERWONY

WHITE – BIAŁY

BLUE – NIEBIESKI

BLACK – CZARNY

VIOLET - FIOLETOWY

BROWN - BRĄZOWY

GREY – SZARY

PINK – RÓŻOWY

GREEN - ZIELONY

YELLOW - ŻÓŁTY

STREET - ULICA

MIRROR - LUSTRO

DOOR – DRZWI

WINDOW – OKNO

CLOCK - ZEGAR

WATCH – ZEGAREK

CITY- MIASTO

THEATER - TEATR

PHARMACY - APTEKA

COLD - ZIMNO

COFFEE – KAWA

TEA - HERBATA

WET - MOKRY

ONE - JEDEN

TWO - DWA

THREE – TRZY

FOUR – CZTERY

FIVE – PIĘĆ

SIX – SZEŚĆ

SEVEN – SIEDEM

EIGHT – OSIEM

NINE – DZIEWIĘĆ

TEN – DZIESIĘĆ

WIFE – ŻONA

LITTLE – MAŁO

BIG - DUŻY

HUSBAND - MĄŻ

MILK- MLEKO

BREAD – CHLEB

GINGER - IMBIR

BOTTLE - BUTELKO

FLAT - MIESZKANIE

STÓŁ - TABLE

CELL PHONE - KOMÓRKA

WEEK – TYDZIEŃ

BRIGHT – JASNY

FAR - DALEKO

FLOWER – KWIAT

HORSE – KOŃ

BOOK – KSIĄŻKA

CAKE – CIASTO

CUP/MUG – KUBEK

CHEESE – SER

SHARP - OSTRY

STORE - SKLEP

WINE – WINO

BEER - PIWO

CABBAGE - KAPUSTA

BANANA – BANAN

MIDNIGHT – PÓŁNOC

TIME - CZAS

YEAR - ROK

END – KONIEC

English Clues, Polish Answers

O	B	C	A	Ł	C	W	Z	A	K	O	M	Ó	R	K	A	P	U	R	K
D	R	Z	W	I	I	Y	I	Ł	I	L	Y	B	Y	C	Ż	S	T	Ó	Ł
K	I	E	T	B	A	N	A	N	E	D	O	Z	I	T	R	Z	Y	Ż	O
U	A	R	W	R	S	O	N	K	O	R	L	L	I	A	E	A	Z	O	D
B	K	W	I	A	T	Ł	O	Ż	C	K	U	G	W	E	Ł	R	D	W	Z
E	Ą	O	A	B	O	Ę	K	A	P	U	S	T	A	C	L	Y	A	Y	I
K	T	N	N	A	N	S	O	S	A	M	T	E	Ś	H	Z	O	N	E	E
I	T	Y	D	Z	I	E	Ń	C	Z	A	R	N	Y	L	I	P	N	Ó	W
E	K	D	U	Ą	C	R	E	Z	I	S	O	S	I	E	M	S	I	Y	I
B	E	I	Ż	Ó	Ł	T	Y	T	Ł	P	B	E	R	B	N	I	E	Ę	Ę
U	R	K	W	Ć	Ę	I	S	E	I	Z	D	K	Ą	W	O	R	B	Y	Ć
T	A	Ą	D	I	D	Y	Ó	R	M	I	E	S	Z	K	A	N	I	E	A
E	G	S	Z	E	Ś	Ć	R	Y	D	O	Ż	A	K	J	E	D	E	N	R
L	E	F	I	O	L	E	T	O	W	Y	K	E	I	L	Z	M	S	O	A
K	Z	I	K	E	W	F	Ć	I	A	E	T	R	E	D	E	Y	K	D	T
O	M	Ą	Ż	Ó	D	Y	P	Ó	Ł	N	O	C	Y	A	G	P	I	U	A
W	O	K	O	N	I	E	C	Ś	E	C	N	N	Ć	L	A	Ł	M	Ż	B
A	D	E	N	I	C	Ż	M	Ć	A	Z	S	I	K	E	R	A	B	Y	R
O	R	T	A	E	T	A	A	M	I	A	S	T	O	K	Ł	Y	I	F	E
W	A	P	T	E	K	A	M	A	J	S	O	B	W	O	S	T	R	Y	H

English Clues, Polish Answers

PUZZLE #1

K	A	N	A	P	A		T	R	U	M	N	A		J	A	B	Ł	K	O
A		I		I			R		A			A		A		U			S
N	O	C		E		T	A		Ł		M	Ó	J		D	A	N		E
A				S	I	E	M	A		O	B	A		K		Ż			T
P	I	Ę	Ć			W		J			J		O	C	E	T			
K			M	A	T	K	A	U		D		Z		O	T	W	Ó	R	
A	K	T	A		W		J	E	Ż	W		U		Ś		Ó			O
		A		G	A	Z		P		M	A	Ł	P	A		J	A	K	
		R			R			I		A			A	U	T	O		F	
	G	A	R	A	Z		E	K	I	P	A			T		B		I	
N	A	S						A		A	L	E		O	B	R	U	S	
O	D		N	I	E	B	O			E				R		A		Z	
S		P	O			Y		J	A		J	E	J		C	Z	Y		A
O		W	Ą	S	K	I		G	R	A		E		Z				F	
W	Ą	S	Y		K		S	T	O		G	R	A	D		M	I		
Y		M		M	R	O	K		N	I	E	C	O		S		B	O	K
	P	O	D		A		R	I		Z					B	O	K	S	
G		K	R	A	J		A	P	A	T	I	A		N				R	
A		U						A			R		M	O	C	N	Y		
D	R	U	K	A	R	Z		S	Z	A	R	Y		Y			A		

English Clues, Polish Answers

PUZZLE #2

P	L	A	C		C	Z	E	R	W	O	N	Y		O	B	R	A	Z	Y	
I			I		Z		Z		N	A		K						I		
Ć		E		A			E		Z	M	R	O	K			T	E			
	P	O	M	A	R	A	Ń	C	Z	O	W	Y			O		L	A	T	
	I		N		N				Z			I		L	E		O			
B	E	Ż	O	W	Y			P	I	S	A	Ć			O		N	I		
	C		N			M		R		K					R		W	Y		
S		N	I	E		I	N	D	Y	G	O		G	R	Y	P	A			
Y			E			Ę		Z				Ó		A	L	E			N	O
N	I	E	B	O		T	R	A	M	W	A	J		Ż	E	L			N	O
		I		G	A	Z		A		O	N	O		M	Ó	W	I			
F	A	L	E		O		E		T	U		G		W	A			E		
I			S	Z	T	U	K	A		P	R	A	W	Y			B	Ó	B	R
O	B	O	K		Ó		A	U	R	A				I			I		I	
L		I		W			T		Ł	A	D	N	Y			F	A	L	E	
E		P		S	K	O	R	O		L		O			Ł		S	Ą		
T	R	A	W	K	A		A		T	E	N		T	R	Z	Y		K		
O		L		L		S	Z	A	R	Y		O	N	A			W	I	R	
W	I	E	L	E		Ó		K			W		T	O		Ó				
Y		C		P	A	L	E	T	A		C	Y	R	A	N	E	C	Z	K	A

English Clues, Polish Answers

PUZZLE #3

English Clues, Polish Answers

PUZZLE #4

```
W I E K . L I S T O P A D . M A R Z E C
Y . W . I . I . N A . N . I . A . . Z
Ć . S I E R P I E Ń . Ź . I . N O . R Ó W
. . . E . I . Ć . O D . . . U . J A . A
P R A C A . E . K . Z . . K T O . Z . R
O . . I . . C Z E R W I E C . A K T . T
N U M E R Y . I . A . E . E . R O K . E
I . . Ń . . M A J . R A N O . E . S O K
E . . . D W A . . . N . A R E S . I . .
D E K A D A . . N A P I S . A . . Ę . A
Z . A . N . . I . K O S Z . T . Ż E L
I . W R Z E S I E Ń . . B O . L U T Y P
A . A . I . Ą . D . P R O S T O . C Z Y
Ł . . T E N . Z Ł Y . T . . D O M . M
E . Z L O T . I . T R A F N Y . I . R
K O N I E C . E . A . A . . Z E R O . .
. . O . Ń . I L E . P O K Ó J . S . . .
. . W . N . A U T O . T . E . I . . K
G R U D Z I E Ń . R . L . . S Ą . T O
. . . O . C . W O R E K . S T Y C Z E Ń
```

English Clues, Polish Answers

PUZZLE #5

G	A	L	E	R	I	A	H	A	N	D	L	O	W	A		A			P
I		O		N		O			O		G		D	A	L	E	K	O
M	O	D	A		S	O	S		M		R	Ó	W		K				C
N		Y		T		A	M		Ó			O	K	O					Z
A			C	Z	Y			W	I	D	O	K		H					T
Z	O	O		T		L	E	W	O			N	A		O	A	Z	A
J		D		T	U				J		H	O	T	E	L		A	
U			J		T	A	R	G		E		U					M	I
M	A	P	A			L		Ó		W	I	T	A	M			E	
		P		T	E		R		Ó		A		E		R	Ę	K	A
S	T	A	C	J	A		M	Y		D			T		U			N	T
		E		E					S	Z	K	L	A	R	N	I	A		T
	K	A	N	T	O R			K	Ą	T		O		O		N		W	Y
J	A		T	O		E		I		W		M	Y		D	Y	M		K
A			R		K	O	N	T	O		B		Z		U			I
R			T	U	N	E	L		O		A		W		Z		
D	A	R	M	O		A		K	T	Ó	R	Y		O	C	E	T
	A		W		M	E	B	L	E		D		O	N		U	
J	A	S	N	Y		A		U	M				E		M	A	M
A	A				B	I	B	L	I	O	T	E	K	A			

English Clues, Polish Answers

PUZZLE #6

```
K O M P U T E R . N . . . P I Ą T E K
U . O . U . . . S P O D N I E . E . A
B O K . A N T Y K . C . A . R . K R A N
E . R . . I . Ó . S Z E F . . . M . A
K R Y T Y K . B R A T . W . U . . O . P
. . O . A . A U R A . O S I E M . Ó S M A
O K A P . . . O . . K . S . . N . . I .
W . . E . D . K O N I A K . K O L E G A
S M U T N Y . . U . O K O . T . . . R .
I . J A . P A Ł A C . . T . D O B R Z E
A . Ś . . L . . . Z Ł O T O . A . N . .
N I C . M O D E L E . . R E M O N T . A
K . I . . M Y . . Ś . . L . D Y M . C
A L E . . W L A Ć . . W E Ł N A . O . Z
. . O . F A Z A . . . . F . Ż Y C I E
. . K . R . A N I O Ł . W O D A . . . K
R A T Y . B . . N . S Y N . L A T . . A
. . L O T N I S K O . M . . . O . B Y Ć
O N . K . E . Ą . . O J C I E C . Y . .
. . Y . I . G O T Ó W K A . . . S K Ą D
```

English Clues, Polish Answers

PUZZLE #7

English Clues, Polish Answers

PUZZLE #8

English Clues, Polish Answers

PUZZLE #9

English Clues, Polish Answers

PUZZLE #10

English Clues, Polish Answers

PUZZLE #11

K	L	U	C	Z		O	S	O	B	A		S	A	M	O	C	H	Ó	D
O			U			P	O		L			M		N				R	
Ł	Ó	D	K	A		O	K	N	O			O	P	Ł	A	T	A		R
O			I			N			K	A	R	G	O			U			O
		B	E	N	Z	Y	N	A			A		B	O		T	A	X	I
S	M	A	R		E		A	R	B	U	Z		Y		J	A			
Z		G			R		E		L		K	T	O		J	E	S	T	
Y		A	U	T	O	B	U	S		I		O		G				R	
B	E	Ż		Y		I		Z		C	E	N	T	R	U	M		A	
E			K	U	R	T	K	A		I		Ó		O	N			M	
R	O	W	E	R		R		R		E		D		T			T	W	
D		A	U	L	O	T	K	A		C	O		T	O	R	B	A		
A		G		I		A		J	A	K		T		C			J		
C	H	O	D	N	I	K		I		M	U	Z	Y	K	A				
H		N		Y		R		K	O	L	O	R		K		N			
			N	U	M	E	R		O		O		A	L	E	J	A		
S		W		O	K	O		Z	A	M	E	K			A				
K	O	P	I	E	C		T		E	E			D	A	L	E	K	O	
Ą			L			O		W	I	T	A	M	Y				N		
D	S	K	U	T	E	R		R		I	M	I	Ę				I		

English Clues, Polish Answers

PUZZLE #12

English Clues, Polish Answers

PUZZLE #13

English Clues, Polish Answers

PUZZLE #14

English Clues, Polish Answers

PUZZLE #15

English Clues, Polish Answers

PUZZLE #16

English Clues, Polish Answers

PUZZLE #17

O	K	N	O		P	O	D	Ł	O	G	A		T				W		R
	A		K	O	T		W			Ó		D	W	U	N	A	S	T	A
Ś	N	I	A	D	A	N	I	E		R			Ó		Ó		Z		B
	A		P		K		E		M	A	K	I	J	A	Ż		Y		A
	P	O		W	I	E	Ś		I		T			P		O	S	E	T
W	A	N	N	A			C		A		O	G	I	E	Ń		T		
I			Z	A	M	I	A	S	T			A		L			K		M
D	A	R	M	O		E		T				R			S	P	O	K	O
E		O		N	I	E		D	O	B	R	A	N	O	C				T
L	E	W	O		C		T	O		U		Ż		H	O	J	N	Y	
E		E		C	H	L	E	B		T	O		K	T	O		A		L
C	Ó	R	K	A		I		R		I		B	R	E	W		M	Y	
		Y		Ł	A	Z	I	E	N	K	A		A		E		N		S
E		W	Y		A		O		L		W		K	W	I	A	T		
T	A	K	I		Ć	W	I	C	Z	E	N	I	E			K		Y	
A			E		W		A		I			E			J			C	
	P	O	R	C	J	A		M	A	T	E	R	A	C		Z	A	R	A	Z
	P		Z	A	K	U	P		M	Y				U		O		E
M	I		Ó		A		I		M	I	Ś		T		P		K	O	Ń
		S	E	R		T	O	R	T		A		B	U	R	A	K		D

English Clues, Polish Answers

PUZZLE #18

English Clues, Polish Answers

PUZZLE #19

English Clues, Polish Answers

PUZZLE #20

English Clues, Polish Answers

PUZZLE #21

English Clues, Polish Answers

PUZZLE #22

English Clues, Polish Answers

PUZZLE #23

English Clues, Polish Answers

PUZZLE #24

	P	R	Z	E	P	R	A	S	Z	A	M		O	D	P	A	D	Y		A
R		M		O			T			A	L	B	O			O				B
O	S	I	E	M		D	Y	M		Ł		I	M	I	Ę		N	O	S	
S		A		O	K	U	L	A	R	Y		A		M			I		O	
Z		N	I	C		Ż		K			D	O	B	R	Z	E		T	U	
Ę		A		Y		O	K	A	Z	J	A		I		I				T	
			B		D		R		E		B	R	A	M	A				T	
J	E	G	O		W		P	O	D	A	T	A		N			O		N	
E		Ł		M	A	J	O	N	E	Z		L	E	W	O				I	
D	R	O	G	I		E			E		K		I		M				E	
E		S		E		S	E	Z	O	N		L	O	T	E	R	I	A		
N	A		S		T		U		I		N		M		Ś					
A		T	R	Z	Y		P	I	E	C		S		T			S	Ą		
Ś			K		J	A		Z		M	E	T	R	Ó	W			U		
C	H	Y	B	A		S		T	R	E	N	E	R		U			E		
I			O	N		Z	I	M	A		K	O	T		D	A	T	Y		
E		E	K	I	P	A		A		C	O	Ś		N		E				
		T		E		L	E	P	S	Z	Y		D		M	O	K	R	A	
O	B	A			I		A		A	T	A	T	A			Ą				
D		P	O	L	S	K	A		S	T	O		M	E	T	R	O			

English Clues, Polish Answers

PUZZLE #25

English Clues, Polish Answers

PUZZLE #26

```
L E K A R Z   G O R Ą C Z K A   O S A
I   P A   Ł     Z   A     U   I
S T E T O S K O P     Y   S Z P I T A L
T E   E   Ł   W O D A   Z   L E   E
    R   K L A S A   E   B I E G U N K A
D A T A   B     U S T A   L   Ć   L
  P O   N O S   Z   D O   N   T   E
M I   J Ą     C   A   N   Ż E B R O
L A T A   Ć W I C Z E N I E   E   G
E   Ę     I   H   I   R   L U B I Ć
K Ą T   D A R M O     E   W Y   C   A
O   N I E   U   R E I K I     H   S
    O   T E S T Y   R   K R W O T O K
M Y   A     D A W K A     W   R
Ó   P   L E K   E   I   R Z Ę S A   Ę
Z   Ó     O D   C   O K O     R   C
G O Ł Y   S   C H L E B   S   Z   E
    L   J U T R O   U   A S T M A   O N
S E N   A   K     T   W   A   L   I
  J A S K R A   G R Y P A   Ć   E   E
```

English Clues, Polish Answers

PUZZLE #27

S	A	M	O	C	H	Ó	D	■	S	E	R	■	L	O	M	B	A	R	D
Ó	■	A	■	Y	■	Z	■	I	■	O	D	■	E	■	L	■	■	■	W
L	U	S	T	R	O	■	I	L	E	■	W	■	A	N	T	E	N	■	A
■	■	Ł	■	K	■	T	E	■	■	D	I	E	T	A	■	U	■	J	A
M	Ł	O	T	■	O	■	W	E	■	R	■	R	■	■	■	R	A	Z	Y
I	■	■	E	■	S	■	I	■	M	Y	■	O	B	A	W	A	■	■	W
E	■	O	N	■	I	■	Ę	■	■	■	O	■	U	■	■	D	■	W	I
S	Y	N	■	J	E	Ś	Ć	■	L	E	P	S	Z	Y	■	■	I	■	S	Ą
I	■	A	T	O	M	■	■	A	■	■	■	Ł	■	■	P	O	■	■	K
Ą	■	■	■	G	■	A	K	T	■	B	A	R	D	Z	O	■	■	D	O	M
C	H	I	R	U	R	G	■	■	L	■	■	T	■	U	■	N	I	E	■	A
■	■	■	R	■	E	F	E	K	T	Y	■	Ż	■	I	■	S	O	K
M	A	R	A	T	O	N	■	T	■	A	■	T	A	L	E	R	Z	■	A
E	■	U	■	■	■	C	I	A	S	T	K	O	■	■	D	■	C	■	R
C	■	T	U	T	A	J	■	■	■	A	■	■	G	A	Z	■	Z	Ł	O
H	■	Y	■	Ł	■	A	■	S	■	B	■	Ó	■	I	■	■	■	■	N
A	■	N	■	U	■	■	S	■	Z	O	O	■	R	■	A	■	C	■	■
N	■	A	B	S	Y	N	T	■	■	■	N	■	J	A	B	Ł	K	O	A
I	■	■	■	T	■	■	O	■	■	U	■	■	A	■	■	E	■	■	L
K	R	E	D	Y	T	■	S	T	R	A	J	K	■	O	K	A	Z	J	E

English Clues, Polish Answers

PUZZLE #28

English Clues, Polish Answers

PUZZLE #29

English Clues, Polish Answers

PUZZLE #30

O		G			L	O	D	Ó	W	K	A		S		T	A	R	G
K	T	O		S	A		I		I		M	O	J	A				Ł
N		T	R	Z	E	Ć		E		S	Z	Y	N	K	A		M	O
O	N	O		K			S	T	O	Ł			I		M	I	Ó	D
		W		L	E	K	A		A	G	R	E	S	T				N
		A		A		U				E		Y		T	R	Z	Y	
P	I	Ć		N		B		S		C	Z	A	J	N	I	K		A
I			K	I	E	L	I	C	H		L			A		M	Y	
E		O		A		K		T		L		N	O	C		N		R
K	A	W	A		Ś		K	I	E	D	Y			U		K	T	O
A		O		W	I	N	O		B	O		O	K	N	A		Z	
R	U	C	H		I	A	M	M	Y		I		M	I				
N		E		T	E			I			E		B	Y	Ć			
I				Ż	U	R	E	K		G	O	F	R		O			S
K	W	A	Ś	N	Y		A		S	E	R		A		K	R	E	M
	O		W			O	K		E		U	R	Y	Ż		Y		A
O	D		I		O	D		A	R	E	S	Z	T		E		B	E	Ż
K	A	S	A			P		L			Z	U	L	Y			Y
N			T	O		I	M	B	R	Y	K		C		T		Ć
O	Ś	Ć		N	O	S		O		A		H	O	M	A	R	

English Clues, Polish Answers

PUZZLE #31

English Clues, Polish Answers

PUZZLE #32

English Clues, Polish Answers

PUZZLE #33

English Clues, Polish Answers

PUZZLE #34

English Clues, Polish Answers

PUZZLE #35

English Clues, Polish Answers

PUZZLE #36

R	O	Z	U	M	I	E	M		D	Z	I	Ę	K	U	J	Ę			F
A		I		A		A		Ż		M		O		E		W			R
Z	A	M	E	K		M	I	E	S	I	Ą	C		S	T	A	R		Y
		N		A	L	B	O		M		Ę			T		N			T
K	T	O		R		O				N		S	E	R	N	I	K		
R			C	O		O	K	A	Z	J	A		M		A		I		
O	N		N	I	E	B	O		U	S	T	A		W		M			
P		S		L		A		B	U	T		R		N		Ó			
K	O	P	E	R	E	K		J	A		R	E	W	O	L	U	C	J	A
A		O		E		D	A	R	M	O		A		K			K		
	O	D	P	A	D	K	I		D			Ł		B	I	L	E	T	
O		N		L		E		Z	N	A	N	Y		I		O			U
D	Z	I	K	I		T		O		I		H	U	R	T				A
		E		Z	E	G	A	R		E	T	E	R		R				L
	J		A		R		O	D		A		Ó		K	L	A	U	N	
P	A	L	E	C		A		W		P	E	W	N	O		N		E	
	E		J	E	D	Z	E	N	I	E			I		P	A	N		
P	O	W	I	A	T		R		T	A	R	G			N	O	C		
	N	O	C		A		O	N	A		D	A	T	A			Z		
M	I		H		P	R	Z	Ó	D		Z	Ł	Y		U	S	Z	Y	

PUZZLE #37

English Clues, Polish Answers

PUZZLE #38

English Clues, Polish Answers

PUZZLE #39

English Clues, Polish Answers

PUZZLE #40

B	R	A	M	K	A	■	M	■	D	E	S	Z	C	Z	■	S	O	K
A	■	■	I	■	K	W	I	A	T	Y	■	O	■	A	■	O	■	R
L	■	G	E	S	T	■	Ł	■	■	M	O	S	T	■	M	E	B	L	E
K	W	A	S	■	■	W	I	E	M	■	■	N	O	W	E	■	O	■	M
O	■	D	Z	W	O	N	■	■	■	G	R	A	■	■	K	Ą	T	■	O
N	O	■	K	■	D	Ę	T	K	A	■	O	■	■	M	■	■	A	■	W
■	■	G	R	A	D	■	■	T	■	I	■	T	K	A	N	I	N	A	■	M	Y
■	■	R	■	N	O	■	R	Z	E	K	A	■	■	A	■	■	A	■	R
M	Ó	W	I	■	■	Z	■	D	A	T	A	■	S	A	M	O	L	O	T
O	D	■	E	S	T	E	T	Y	K	A	■	■	T	■	I	■	■	C	O
R	■	T	■	T	A	■	U	■	T	■	S	I	Ę	■	O	R	A	Z	■
Z	I	E	L	O	N	Y	■	H	U	T	A	■	P	O	T	■	■	N	■
E	■	N	■	I	■	O	■	S	A	L	O	N	■	■	R	Z	Y	■	M
■	T	■	W	E	Ł	N	A	■	J	A	■	I	Ś	Ć	■	Ł	■	R
T	Y	S	I	Ą	C	■	D	Ż	E	M	■	E	■	M	■	O	K	O
Y	■	P	■	Ż	■	N	■	R	■	M	I	■	F	A	K	T	■	K
P	T	A	K	■	M	A	Ł	E	■	N	■	O	■	A	■	■	Y	■
O	■	C	O	■	Ó	■	S	■	I	M	P	U	L	S	■	■	G
W	I	E	T	R	Z	N	Y	■	C	■	I	■	A	T	L	E	T	A
Y	■	R	■	G	■	M	A	R	S	Z	■	O	■	■	O	D

Made in the USA
Columbia, SC
11 December 2023